AF267499

CORRESPONDANCE

DE

NAPOLÉON IER

PUBLIÉE PAR ORDRE DE

L'EMPEREUR NAPOLÉON III

Tomes XXIV et XXV.

TOURS

IMPRIMERIE ET LIBRAIRIE DE E. MAZEREAU,
11, rue Richelieu, 11.

—

1868

Lorsqu'il y a quelques années, les éditeurs
de ce recueil annoncèrent un peu naïvement
que désormais ils n'y feraient plus entrer
que ce qu'on pouvait présumer que le grand
empereur aurait voulu lui - même livrer au
public, bien des gens crurent que l'impor-
tance de la publication en serait fort dimi-
nuée. C'était mal comprendre ce qui en fait
le véritable, le grand intérêt. Il ne consiste
pas dans quelques anecdotes, dans quelques
incidents de famille, dans quelques person-
nalités propres seulement à amuser une
curiosité malveillante. Je dirai plus. Cet intérêt ne résulte pas de révélations graves
jetant un nouveau prix sur l'histoire. La
plupart des lettres dont se compose cette
correspondance étaient déjà connues, soit
textuellement, soit par extraits et par

l'usage que quelques historiens en avaient fait dans leurs récits.

Ce qui donne une valeur inappréciable à la collection dans laquelle elles se trouvent réunies par ordre chronologique, c'est qu'elle nous offre jour par jour, on peut même dire heure par heure, l'expression des pensées, des volontés, des sentiments d'un des hommes les plus grands et les plus extraordinaires qui aient jamais existé. Napoléon y respire tout entier, avec cet esprit vaste et puissant qui embrassait tout, qui serait descendu jusqu'aux plus minutieux détails du gouvernement et de l'administration sans en perdre de vue l'ensemble; avec cette volonté énergique, inflexible, qui, pendant longtemps, brisa tous les obstacles, mais qui, le jour où elle en rencontra de plus forts qu'elle, dut infailliblement se briser contre eux, faute de savoir céder; avec cet instinct orgueilleux, cette passion du despotisme incapable de supporter la moindre résistance; avec ce mépris du droit, du pouvoir absolu et de la justice inséparable; et pourtant aussi avec cette haute et profonde intelligence qui, lorsque les passions ne l'aveuglaient pas, lui faisait si bien comprendre la nécessité du respect de la justice

et du droit pour la conservation des États.
Sa prodigieuse activité, qui était moins pour
lui une faculté qu'un besoin et qu'il voulait
communiquer à tous ses agents, la dureté,
probablement calculée et systématique, avec
laquelle il gourmandait leurs moindres né-
gligences, la rigueur injurieuse et souvent
même cynique des reproches dont il les
accablait en cas de revers, comme pour se
dégager de la responsabilité des événe-
ments, en la faisant peser exclusivement sur
eux, ne sont pas des traits moins sail-
lants de son caractère, tel qu'il ressort de
son immense correspondance.

La publication de cette correspondance
est maintenant fort avancée. Le vingt-qua-
trième et le vingt-cinquième volumes, les
derniers qui aient paru, comprennent les
lettres écrites depuis le 1er juillet 1812 jusqu'au 31 juillet 1813, c'est-à-dire depuis
l'ouverture de la campagne de Russie jusqu'à celle du congrès de Prague. Cette pé-
riode est une des plus importantes, de la
carrière de Napoléon : elle sépare les prospérités prodigieuses qui en avaient signalé
la plus grande partie, des calamités, non
moins extrèmes, qui la terminèrent et dont
elle montre même le début.

Au moment où elle commence, Napoléon est arrivé au plus haut sommet de la grandeur humaine. Illustre, absolu, soit comme souverain, soit comme suzerain, de la France, du Pays-Bas, de l'Allemagne, de l'Italie, du duché de Varsovie ; tenant l'Autriche et la Prusse dans les liens d'une alliance qui en faisait comme des satellites de sa politique ; affermi en apparence dans son immense puissance par son mariage avec une archiduchesse et par la naissance d'un fils, il semble qu'il a triomphé de tout. Et cependant, il est déjà attaqué du mal dont il doit périr. Depuis quatre ans, il est engagé dans cette odieuse et funeste guerre d'Espagne où, malgré ses efforts redoublés, il n'a pu vaincre l'insurrection du peuple espagnol soutenue par l'Angleterre. Il a déjà le sentiment qu'il n'en viendra pas à bout. Les affaires d'Espagne sont devenues pour lui un objet de dégoût, un calice amer dont il voudrait se détourner ; mais cela ne dépend pas de lui. Sans doute, s'il avait le courage de renoncer à cette inique entreprise, il pourrait faire la paix avec l'Angleterre, le seul ennemi puissant qui lui reste, et posséder tranquillement, sans contestation, le plus immense empire qui ait existé depuis Charlemagne. Mais une telle renonciation, après tant de sang versé, après tant d'actes honteux et coupables accomplis pour s'emparer du trône de Charles IV et de Ferdinand VII, serait une humiliation, un premier pas en arrière ; son orgueil, sa terrible politique, le sentiment peut-être fondé, qu'une fois engagé dans certaines voies, on n'y recule pas impunément, ne le lui permettent pas.

On a beaucoup dit, et cela est vraisemblable, que la fatigue, les angoisses insupportables d'une telle situation, le besoin de s'en distraire par des émotions nouvelles, la crainte qu'en se prolongeant elle ne détruisît le prestige attaché à sa personne en prouvant aux peuples qu'on pouvait lui résister; le désir, l'espérance de maintenir et d'accroître ce prestige par le spectacle d'une autre lutte, étrange, grandiose, où il obtiendrait encore un de ces triomphes auxquels la fortune l'avait accoutumé, ne contribuait pas peu à le jeter dans la fatale expédition de Russie. Au début, l'Europe s'attendait à l'en voir sortir victorieux. Il s'y attendait lui-même, cela va sans dire. Cependant, lorsqu'on lit attentivement ses lettres, ses bulletins, ses manifestes des premiers mois

de la campagne , il est facile de reconnaître
que de sérieuses inquiétudes ne tardèrent pas
à pénétrer dans son esprit, en présence des
difficultés matérielles contre lesquelles il eut
à se débattre dès qu'il eut passé le Niémen,
et de l'attitude de l'ennemi. A travers sa
jactance habituelle, on entrevoit le désir
d'une prompte paix, et ce désir est poussé si
loin, qu'il saisit, avec plus d'empressement
que d'adresse, toutes les occasions d'en faire
parvenir l'expression à l'empereur Alexandre. Il avait compté sur la mobilité, l'indé-
cision, la faiblesse de ce prince. Il n'avait
pas prévu jusqu'où l'ardeur du patriotisme
fanatique entraînerait le peuple russe. C'est
par des erreurs de cette nature qu'il devait
périr.

Il y a pour un Français un intérêt mélan-
colique, mais puissant, à suivre, à deviner,
pour ainsi dire, sous l'expression contenue des
dépêches et des relations officielles, le progrès
des désastres dont le fameux vingt-neuvième
bulletin devait jeter à la France et à l'Europe
la révélation presque complète. Le chan-
gement apporté dans la situation générale
était si prompt, si brusque, si absolu, qu'il
fallut quelque temps aux gouvernements
étonnés pour en bien comprendre la portée

et pour se rendre compte du parti qu'ils pouvaient en tirer. Napoléon, vaincu, sans armée, les effrayait encore, et quelque haine qu'ils lui portassent, quelque fût leur désir de secouer son joug, ils lui faisaient encore des protestations de dévouement et de fidélité. Le soulèvement des populations allemandes forçant les faibles débris de l'armée française à reculer presque jusqu'au Rhin. tira enfin les cabinets de cette espèce de léthargie. La Prusse, la première, déclara la guerre à la France. L'Autriche, liée à Napoléon par des nœuds plus étroits, ne pouvait aller aussi vîte, mais déjà elle lui retirait son appui matériel, elle offrait sa médiation, elle mettait en avant des prétentions dont le rejet ne pouvait manquer de l'amener bientôt sur le champ de bataille. Les États de la Confédération du Rhin, ces vassaux de l'empire français, chancelaient eux-mêmes, leur attitude devenait équivoque, ils éludaient parfois les ordres de Napoléon, et, ce qui devait singulièrement coûter à son orgueil, il se voyait contraint d'entrer en explications, de discuter avec ces petits princes, de leur faire des demandes au lieu de leur transmettre des ordres comme par le passé.

Cependant, grâce aux hésitations des premiers instants, Napoléon, avec son incroyable activité, avec son incomparable talent d'organisation, avait eu le temps de former une nouvelle armée aussi nombreuse que celle qu'il avait perdue en Russie ; et, dès la fin d'avril 1813, il put se porter au-devant des Russes et des Prussiens déjà arrivés sur la ligne du Mein. Vainqueur à Lutzen, à Bautzen, à Wurschen, en trois semaines il avait reconquis la Saxe, Hambourg et envahi la Silésie ; mais, manquant de cavalerie et avec des soldats novices, incapables de supporter impunément de grandes fatigues, il n'avait pu tirer de ses victoires tous les avantages qu'il avait su tirer jadis de Marengo, d'Austerlitz, d'Iéna. Ses ennemis, entamés, affaiblis, n'étaient pas détruits. Lui-même, il avait éprouvé de grandes pertes, et l'Autriche ayant enfin déclaré que, s'il n'acceptait pas les conditions qu'elle jugeait raisonnables, elle se joindrait, pour le combattre, à la Russie et à la Prusse, un répit lui était indispensable pour réunir les moyens de faire tête aussi à ce nouvel adversaire. Un armistice fut donc conclu, et le congrès de Prague s'ouvrit sous la médiation du cabinet de Vienne, pour essayer d'arriver à une pacification, qu'aucune, peut-être, des grandes puissances, excepté l'Autriche, ne désirait, parce qu'aucune ne se croyait encore en mesure d'en dicter à son gré les conditions.

Il est du moins certain que Napoléon ne la voulait pas. Il voulait seulement, par l'armistice, gagner du temps pour achever ses préparatifs. L'abandon de l'Autriche, qu'il aurait dû prévoir, parce qu'au temps de ses prospérités il lui avait imposé de trop durs sacrifices, l'exaspérait. Dans son dépit, il se montrait par moments disposé à faire de grandes concessions à l'empereur Alexandre et au roi de Prusse, pour pouvoir se venger du cabinet de Vienne, de ce qu'il appelait *son insolence, sa perfidie, ses prétentions outrecuidantes*, dont il était d'autant plus révolté que M. de Metternich les enveloppait de *phrases mielleuses et sentimentales*. Il essayait quelquefois, sans beaucoup d'habileté et surtout sans succès, de jeter la division entre des puissances bien résolues à ne pas se séparer et à tout risquer pour le mettre à la raison. Dans d'autres moments, revenant à sa nature, il ne parlait plus que de *frapper de grands coups, d'écraser* ses ennemis. On pouvait prévoir, dès le premier pas, ce qui sortirait d'un congrès où l'on portait de tels sentiments.

Il aurait pourtant dépendu encore de Napoléon d'obtenir des conditions qui, en elles-mêmes, eussent été magnifiques; de garder, pour lui et pour les siens, la rive gauche du Rhin, les Pays-Bas, la plus grande partie de l'Italie, des établissements même en Allemagne. C'était fort au delà de ce qui était nécessaire ou désirable pour la sûreté, pour la grandeur même de la France. Mais, en gardant tout cela, il aurait fallu céder l'Espagne, déjà perdue d'ailleurs, la Pologne, les villes anséatiques, le protectorat de la Confédération du Rhin, les provinces illyriennes, une partie de l'Italie. De quel front Napoléon serait-il rentré en France, rapportant, comme prix du sang d'un demi-million d'hommes immolés par sa folle ambition dans les deux dernières campagnes, ces cessions humiliantes! Je conçois qu'il n'ait pu s'y déterminer, et je ne conçois pas l'étonnement qu'en expriment la plupart des historiens.

Qu'on me comprenne bien, pourtant. Je n'entends pas, par là, justifier sa politique. Tout au contraire, rien ne prouve mieux combien elle était détestable dans son ensemble que ce fait, qu'à force d'exagéraons, d'iniquités, de violences, elle l'avait

amené au point de ne pouvoir plus supporter un revers, d'être contraint de marcher
toujours en avant sous peine de périr. Cette
politique de Napoléon, j'entends sa politique extérieure, m'a toujours paru une
énigme inexplicable. Je l'ai beaucoup étu-
diée, j'en ai cherché le fond, le secret, la
pensée dominante, et je n'y ai rien trouvé
que le besoin d'être partout et toujours le
ministre, de faire prévaloir sans discussion,
sans contrôle, tous les caprices de son ima-
gination. Comment ne comprenait-il pas
qu'à la longue les peuples, pas plus que
les souverains, ne pourraient supporter l'habitude qu'il avait prise de les soumettre sans
cesse à des combinaisons nouvelles, au mépris de leurs affections, de leurs commerces,
de leurs traditions, venant morceler leurs
territoires et modifier leurs fortunes au gré
des idées souvent confuses et mal dirigées
qui se succédaient dans son esprit toujours
en travail? Les révélations, d'une sincérité
d'ailleurs si suspecte, qu'il a dictées ou
inspirées à Sainte-Hélène, ne jettent aucun
jour sur le but final qu'il se proposait dans
de tels changements. J'en reviens à dire que
la pensée d'être partout et toujours le maître,
c'est-à-dire une pensée vraiment folle, était

la seule qui dirigeât sa politique extérieure.
C'était là le côté le plus faible de cette
grande intelligence. Sans égal peut-être
dans l'art de la guerre, admirable encore
dans ce qui touche à l'ordre civil, par une
puissance de création et d'organisation
qu'on a ja is un peu trop vantée, mais à
laquelle aujourd'hui on ne rend peut-être
pas complétement justice, Napoléon n'avait
pas le sentiment de ce qui doit présider
aux rapports internationaux. Pour régler
les différends des nations, il ne connaissait,
il ne voulait connaître que la force, espérant
assurément que la force serait toujours de
son côté, et ne comprenant pas qu'une politique habile consiste précisément à prépa-
rer les moyens d'y suppléer, dans la mesure du possible, le jour où elle vient à
manquer.

Il est à peine besoin de dire que la paix.
qu'en 1813, on offrait à Napoléon et qu'il
repoussait parce qu'elle eut été désastreuse
pour lui personnellement, aurait été reçue
par la nation tout entière avec la joie la
plus vive. Même autour de lui, dans son en-
tourage le plus intime, parmi ses généraux
les plus dévoués, chacun l'appelait de ses
vœux. Il s'en irritait, et il accueillait trop

mal ceux qui se rendaient auprès de lui les interprètes du vœu général, pour que beau-coup eussent le courage de le faire. On sait l'inutilité des efforts persistants du duc de Vièvres, son ministre des affaires étran-gères, pour lui inspirer des dispositions plus pacifiques. Son ministre de la police, le duc de Rovigo, ce séïde dont l'évidence commençait à désiller les yeux, s'étant avisé, dans les rapports qu'il lui faisait par-venir, de lui tenir un langage analogue, reçut cette réponse : « Le ton de votre cor-
« respondance ne me plaît pas ; vous m'en-
« nuyez toujours du besoin de la paix. Je
« connais mieux que vous la situation de
« mon empire, et cette direction donnée à
« votre correspondance ne produit pas un
« bon effet sur moi. Je veux la paix, et j'y
« suis plus intéressé que personne : vos dis-
« cours là-dessus sont donc inutiles ; mais
« je ne ferai pas une paix qui serait dés-
« honorante et qui nous ramènerait une
« guerre plus acharnée dans six mois. Ne
« répondez pas à cela : ces matières ne
« vous regardent pas, ne vous en mêlez
« pas. »

Napoléon, on le voit, n'entendait pas que ses serviteurs prissent sur eux de lui dire ce qu'ils croyaient la vérité, lorsqu'elle lui était désagréable.

Ce n'est pas sous ce seul rapport qu'il était mécontent du duc de Rovigo. Il paraît que ce ministre, s'effrayant peut-être outre mesure de l'agitation qui commençait à succéder, au moins dans quelques esprits, à quinze années d'apathie politique, avait cru devoir exiler de Paris un certain nombre d'individus soupçonnés d'intentions révolutionnaires, entre autres un fournisseur qui avait des protecteurs parmi les personnes de la cour. Napoléon écrivit à ce sujet à l'archichancelier une lettre fort remarquable, dans laquelle il reprochait au duc de Rovigo, qui, disait-il, *ne connaissait ni Paris, ni la Révolution*, de se livrer à un esprit de réaction tel que, si on le laissait faire, il aurait bientôt mis le feu en France. « On éloigne cet
« homme de Paris, » ajoutait-il, « comme
« ayant été un violent révolutionnaire. Si on
« pèse ainsi sur la classe des gens domiciliés
« et tranquilles, il est à craindre que cela...
« n'excite une inquiétude générale. Si le duc
« de Rovigo voulait éloigner de la France
« tous ceux qui ont pris part à la Révolution,
« il n'y resterait plus personne. Et comment
« peut-on faire un crime à des hommes de

« cette classe de leur exaltation dans la Ré-
« volution , lorsque le Sénat , le Conseil
« d'État et l'armée sont pleins de gens qui y
« ont marqué par la violence de leurs opi-
« nions?... Vous ferez connaître au duc de
« Rovigo que mon intention est qu'il n'éloi-
« gne personne de Paris sans vous en avoir
« parlé auparavant. Dites-lui aussi que s'il
« se laisse entraîner par le préfet de police
« ou des hommes de cette robe, qui ne con-
« naissent ni la situation de la France, ni
« celle de Paris, il aura bientôt mis tout en
« feu et ébranlé mon gouvernement, qui est
« fondé sur la garantie de toutes les opinions. »

Ce qui me frappe surtout ici , c'est le reproche que l'empereur fait également aux
deux chefs principaux de sa police, au duc
de Rovigo et à M. Pasquier, de *ne connaître
ni la situation de la France, ni celle de Paris.*
Si ce reproche était fondé , comment les
avait-il appelés à de telles fonctions, et pour-
quoi les y maintenait-il? Les idées exprimées
dans cette lettre sont d'ailleurs justes et sen-
sées. Napoléon aurait voulu que le pouvoir
arbitraire qu'il avait délégué à son ministre
fut exercé avec modération, avec à-propos ,
avec équité. Mais a-t-on jamais vu rien de
tel? L'arbitraire comporte-t-il ces tempéra-

ments? Dans d'autres lettres, il se plaint des tracasseries inutiles de la censure, il lui reproche de s'égarer dans des minuties, de vouloir diriger les écrivains ; il recommande de laisser tout imprimer, sauf ce qui blesserait les mœurs ou ce qui pourrait *troubler l'ordre*. Malheureusement, par cette dernière exception, il détruisait la règle qu'il semblait poser. Il voyait, dans tout ce qui lui déplaisait le moins du monde, le *trouble de l'ordre ;* plus d'une fois il lui arriva d'accuser les censeurs d'avoir laissé passer des choses qui nous paraissent bien innocentes, et ces censeurs, ainsi réprimandés, eussent-ils été enclins à l'indulgence, devaient craindre de le mécontenter. C'était trop exiger, que de demander à des hommes dont il avait fait des esclaves, un sens élevé et un tact que la liberté elle-même ne donne pas toujours.

Je viens d'indiquer les principales considérations que m'ont suggérées les deux volumes de la *Correspondance napoléonienne* que j'ai en ce moment sous les yeux. Pas plus que les précédents, il est bon d'en avertir ceux qui seraient tentés d'y chercher une lecture facile, agréable, amusante, ils ne répondraient à une telle attente. L'immensité, la prolixité des détails militaires,

administratifs, financiers, rebutera nécessai-
rement quiconque ne voudra pas en faire
l'objet d'une étude sérieuse. Il est bien
peu de ces innombrables lettres qui, sépa-
rées de l'ensemble et considérées autrement
que comme des documents de statistique,
puissent éveiller et soutenir la curiosité du
lecteur. Je vais pourtant en citer encore
quelques-unes.

Celles qui ont trait à l'impératrice Marie-
Louise me paraissent indiquer assez nette-
ment l'idée que Napoléon se faisait de cette
princesse et la situation dans laquelle il voulait la placer. Lors de son alliance avec une
archiduchesse, il avait pour elle des égards,
des ménagements qu'il n'aurait pas eus, peut-
être, pour toute autre femme. Il désirait lui
concilier le respect et la considération publique, mais, se défiant de sa jeunesse et
sans doute aussi de sa médiocrité d'âme et
d'esprit, et obéissant à cet instinct de despotisme qui lui faisait craindre partout ailleurs qu'en lui-même l'ombre du pouvoir,
il ne voulait pas qu'autour d'elle il pût se
former un centre quelconque d'action ou
d'influence. En partant pour la campagne
de Saxe, il lui avait conféré le titre de ré-
gente; il écrivait à l'empereur d'Autriche

qu'*elle était maintenant son premier ministre et qu'elle s'en acquittait à son grand contentement;* mais, en réalité, il l'avait placée sous la tutelle de celui de ses conseillers à qui il accordait le plus de confiance, l'archichancelier Cambacérès. Non-seulement elle ne devait rien faire que de son avis, mais il ne devait lui communiquer que ce qu'il jugerait à propos de porter à sa connaissance. L'archichancelier ayant eu l'idée de charger M. de Menneval, le secrétaire des commandements de l'impératrice, d'effacer dans les nouvelles de l'armée ce qu'il ne conviendrait pas de livrer aux journaux, l'empereur en témoigna un vif mécontentement, disant que le secrétaire des commandements *ne devait rien faire.* Il désapprouva beaucoup aussi l'habitude qu'avait prise le ministère de la police, de remettre directement ses rapports à la jeune souveraine. Les motifs de cette désapprobation, tels qu'il les exprima à l'archichancelier, sont assez remarquables. « Je pense, » écrivait-il, « que le ministre de la « police ne doit adresser ses rapports... « qu'à vous et que vous ne devez montrer à « l'Impératrice que ce qu'il est bon qu'elle « sache : il est inutile de lui parler de

« choses qui pourraient l'inquiéter ou salir
« son esprit. Vous avez donc eu tort de pré-
« sager la question. Vous trouverez ci-joint
« la lettre que j'écris à ce sujet au ministre
« de la police. La même chose doit être
« pour tous les ministres ; ils ne doivent
« pas parler à l'Impératrice de choses qui
« ourraient l'inquiéter ou la peiner. »

Le même jour, l'empereur écrivait au duc
de Rovigo : « L'impératrice est trop jeune
« pour lui gâter l'esprit et l'inquiéter par
« des détails de police. ...L'archichancelier
« ne lui remettra que ce qu'il est bon qu'elle
« sache, et en traitant ces sortes d'affaires
« le plus légèrement possible. »

Tout cela est de bon sens, et même ins-
piré par un sentiment assez délicat. J'en
dirai autant du respect que l'Empereur,
dans une autre lettre, témoigne à l'archi-
chançelier, de ce qu'il n'a pas conseillé à
l'impératrice, en je ne sais quelle circonstance, de faire grâce à un condamné à
mort. « Vous avez été, » lui dit-il, « trop
« magistrat dans cette affaire. Il n'aurait
« pas fallu que cette grâce vînt du droit de
« l'individu, mais du propre mouvement
« de l'impératrice, à cause du jour. Saisis-
« sez la première occasion de lui faire faire

« un ou deux actes de son propre mouve-
« ment; ce qui est sans inconvénient pour
« la justice et serait d'un bon effet sur l'o-
« pinion publique. »

Après la mort du duc d'Istrie, emporté
par un boulet de canon la veille de la bataille de Lutzen, l'empereur écrit à Cambacérès; « Faites comprendre à l'Impératrice
« que le duc d'Istrie était loin de moi
« quand il a été tué. »

On ne trouve dans tout le recueil, que
bien peu de lettres de Napoléon adressées à
Marie-Louise. En voici une assez singulière:
« Madame et chère amie, j'ai reçu une
« lettre par laquelle vous m'avez fait con-
« naître que vous avez reçu l'archichance-
« lier étant au lit: mon intention est que,
« dans aucune circonstance, et sous aucun
« prétexte, vous ne receviez qui que ce soit
« étant au lit. Cela n'est permis que passé
« l'âge de trente ans. »

Je ne citerai plus qu'un seul billet de l'empereur. Il a un caractère tout particulier et
que ne présente aucune autre pièce de ce
recueil; il est parfaitement ridicule. Le duc
de Frioul venait d'être tué, comme le duc
d'Istrie, d'un boulet de canon. On le consi-
dérait comme le meilleur ami de Napoléon,

qui, dans un bulletin, avait exprimé sa douleur de cette perte en termes assez pathétiques. La comtesse de Montesquiou, gouvernante du roi de Rome, et qui, à ce titre, était en correspondance avec l'empereur, ayant cru devoir lui faire quelque compliment de condoléance, voici la réponse qu'elle reçut : « La mort du duc de Frioul m'a « peiné. C'est, depuis vingt ans, la seule fois « qu'il n'ait pas deviné ce qui pouvait me « plaire. » En écrivant ces lignes, Napoléon se rappelait sans doute le mot fameux de Louis XIV sur la mort de la reine Marie-Thérèse : « C'est le premier chagrin qu'elle « m'ait donné. » Le mot du grand roi est d'une affectation presque ridicule. Que dire de l'imitation, ou plutôt de la parodie ? Évidemment, le style sentimental ne convenait pas à Napoléon.

L. DE VIEL-CASTEL.

(Publié dans l'*Union libérale* de Tours, le 26 septembre 1868.)

Tours. Imp. Mazereau.